BEI GRIN MACHT SICH IHR WISSEN BEZAHLT

AF156609

- Wir veröffentlichen Ihre Hausarbeit,
  Bachelor- und Masterarbeit

- Ihr eigenes eBook und Buch -
  weltweit in allen wichtigen Shops

- Verdienen Sie an jedem Verkauf

Jetzt bei www.GRIN.com hochladen
und kostenlos publizieren

Auswertung von Fußballdaten mit der Software "R". Der Pearson Chi-Quadrat-Test

Felix Lesch

Bibliografische Information der Deutschen Nationalbibliothek:

Die Deutsche Nationalbibliothek verzeichnet diese Publikation in der Deutschen Nationalbibliografie; detaillierte bibliografische Daten sind im Internet über http://dnb.d-nb.de abrufbar.

ISBN: 9783346411884
Dieses Buch ist auch als E-Book erhältlich.

Druck und Bindung: Books on Demand GmbH, Norderstedt Germany
Gedruckt auf säurefreiem Papier aus verantwortungsvollen Quellen

Das vorliegende Werk wurde sorgfältig erarbeitet. Dennoch übernehmen Autoren und Verlag für die Richtigkeit von Angaben, Hinweisen, Links und Ratschlägen sowie eventuelle Druckfehler keine Haftung.

Das Buch bei GRIN: https://www.grin.com/document/1011818

FOM Hochschule für Oekonomie und Management

Standort Essen

Berufsbegleitender Studiengang zum

Bachelor of Arts in International Management

4. Semester

Seminararbeit im Fach Quantitative Datenanalyse

Eine Analyse von Fußballdaten mit R

Autor:	Felix Lesch
Abgabedatum:	12.12.2019

Inhaltsverzeichnis

Abbildungsverzeichnis

Tabellenverzeichnis

1 Einleitung

1.1 Problemstellung

Die folgende Seminararbeit beschäftigt sich mit der Analyse von Fußballdaten mit Hilfe von R, einer Software für statistische Datenverarbeitung.

1.2 Zielsetzung und Gang der Arbeit

Für die Bearbeitung und Auswertung der Daten wurden vier Datensätze zu Grunde gelegt. Diese bestehen aus den Ergebnissen aller Spiele der Bundesliga, der Premier League, der La Liga und der Ligue 1 in der vergangen Spielzeit 2018/2019. Mit den gesammelten Daten soll ein Chi-Quadrat Test durchgeführt und die Nullhypothese untersucht werden. Diese besagt, dass zwischen den Variablen „Ergebnis" und „Land" kein Zusammenhang besteht. Sofern die Nullhypothese abgelehnt werden kann und eine Abhängigkeit zu erkennen ist, soll die Stärke des Zusammenhangs definiert werden. Abschließend gilt es eventuelle Auffälligkeiten zwischen den Ländern und den Spielergebnissen aufzudecken und zu untersuchen, ob in den verschiedenen Ligen ein Heimvorteil ersichtlich ist.

2 Datensätze der vier Ligen

2.1 Bundesliga

Die Bundesliga besteht aus 18 Mannschaften, die in der vergangenen Saison 2018/2019 an 34 Spieltagen gegeneinander antraten. Zur Analyse der Bundesligadaten wurde im ersten Schritt die aus dem Internet heruntergeladene englischsprachige csv-Datei in R eingelesen. Folgender Befehl wurde dafür angewandt:

```
#Datensatz Bundesliga in R importieren
Bundesliga<-read.csv("D1.csv")
```

Anschließend wurde die Faktorvariable „Ergebnis" näher bestimmt, indem die Parameter für einen Heimsieg, ein Unentschieden und einen Auswärtssieg definiert wurden. In der Folge wurden die Vektoren „Home Team", „Away Team", „Home Team Goals", „Away Team Goals" und „Ergebnis" zur neuen Datenbank „Sieg" zusammengefasst.

```
Bundesliga$Ergebnis<-"Unentschieden"
Bundesliga$Ergebnis[Bundesliga$FTHG>Bundesliga$FTAG]<-"Heimsieg"
Bundesliga$Ergebnis[Bundesliga$FTHG<Bundesliga$FTAG]<-"Auswärtssieg"

Sieg<-data.frame(Bundesliga$HomeTeam,Bundesliga$AwayTeam,Bundesliga$FTHG,
                 Bundesliga$FTAG,Bundesliga$Ergebnis)
```

Danach wurde der Datensatz zum Zwecke späterer Bearbeitungen in R ins Arbeitsverzeichnis exportiert.

```
#Sieg exportieren in Excel
write.csv(Sieg,file ="Sieg.csv")
```

Der Datenbank „Sieg" können durch den folgenden Befehl die absoluten Häufigkeiten der Ergebnisse entnommen werden:

```
> table(Sieg$Ergebnis)

Auswärtssieg       Heimsieg Unentschieden
          95            138            73
> |
```

Insgesamt gab es 138 Heimsiege, 95 Auswärtssiege und 73 Unentschieden. Graphisch darstellen lassen sich die absoluten Häufigkeiten der Ergebnisse in einem Balkendiagramm.

Abbildung 1: Ergebnisse der Bundesliga 2018/2019

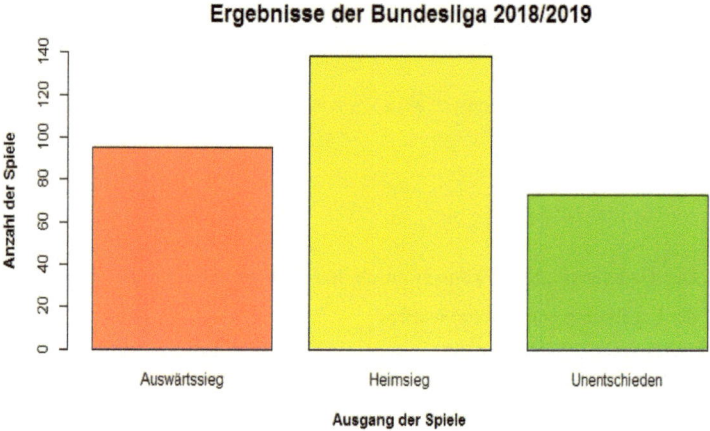

Der Erstellung des Balkendiagramms liegt folgender Befehl zugrunde:

```
#Balkendiagramm erstellen für die Deutsche Bundesliga
barplot(table(Sieg$Ergebnis),main = "Ergebnisse der Bundesliga 2018/2019",
        cex.main=1.5,col=c("red","yellow","green"),
        ylab = "Anzahl der Spiele",xlab = "Ausgang der Spiele",
        font.lab=2,ylim =c(0,140))
```

Der von R ausgewiesenen Tabelle und dem Balkendiagramm ist zu entnehmen, dass das häufigste Spielresultat in der Bundesliga der Heimsieg war, gefolgt vom Auswärtssieg und dem Unentschieden.

2.2 Premier League

Nach dem selben Muster wie in Abschnitt 2.1 beschrieben, wurde auch der Datensatz für die 20 Teams der Premier League aufbereitet. Folgende Befehle wurden ausgeführt:

```
#Datensatz der Premier League in R importieren
PremierLeague<-read.csv("E0.csv")
```

```
#PremierLeague aufbereiten
PremierLeague$Ergebnis<-"Unentschieden"
PremierLeague$Ergebnis[PremierLeague$FTHG>PremierLeague$FTAG]<-"Heimsieg"
PremierLeague$Ergebnis[PremierLeague$FTHG<PremierLeague$FTAG]<-"Auswärtssieg"
win<-data.frame(PremierLeague$HomeTeam,PremierLeague$AwayTeam,PremierLeague$FTHG,
                PremierLeague$FTAG,PremierLeague$Ergebnis)
```

Die komprimierte Datenbank der Premier League wurde als „Win" bezeichnet. Folgende
absolute Häufigkeiten der Spielergebnisse liegen vor:

```
> table(win$PremierLeague.Ergebnis)

 Auswärtssieg        Heimsieg Unentschieden
          128             181            71
> |
```

Auch in der englischen Liga gingen Heimteams an den 38 Spieltagen am häufigsten als
Sieger vom Platz. Das zweithäufigste Spielergebnis war der Auswärtssieg, gefolgt von
einem Unentschieden.

Abbildung 2: Ergebnisse der Premier League 2018/2019

8

Die graphische Darstellung der englischen Ergebnisse wurde durch folgenden Befehl ausgeführt:

```
#Balkendiagramm für Premier League erstellen
barplot(table(win$PremierLeague.Ergebnis),main = "Ergebnisse der Premier League 2018/2019",
        cex.main=1.5,col=c("orange2","powderblue","purple3"),ylab = "Anzahl der Spiele",
        xlab = "Ausgang der Spiele",font.lab=2,ylim =c(0,200))
```

2.3   Ligue 1

Die englischsprachige csv-Datei der Ligue 1 wurde in R importiert, angepasst und alle
relevanten Variablen in der Datenbank „VictoireFR" zusammengefasst:

```
#Datensatz der Ligue 1 in R importieren
Ligue1FR<-read.csv("F1.csv")

#Ligue1 aufbereiten
Ligue1FR$Ergebnis<-"Unentschieden"
Ligue1FR$Ergebnis[Ligue1FR$FTHG>Ligue1FR$FTAG]<-"Heimsieg"
Ligue1FR$Ergebnis[Ligue1FR$FTHG<Ligue1FR$FTAG]<-"Auswärtssieg"
VictoireFR<-data.frame(Ligue1FR$HomeTeam,Ligue1FR$AwayTeam,
Ligue1FR$FTHG,Ligue1FR$FTAG,Ligue1FR$Ergebnis)
```

In Frankreich spielen 20 Mannschaften in der höchsten nationalen Liga. In der Saison
2018/2019 triumphierten am häufigsten die Heimmannschaften, 110 Mal wurden die
Punkte geteilt und immerhin 106 Mal verließ die Auswärtsmannschaft den Platz als Sieger.

```
> table(VictoireFR$Ligue1FR.Ergebnis)

  Auswärtssieg       Heimsieg Unentschieden
           106            164           110
```

Graphisch visualisieren lassen sich die Ergebnisse in einem Balkendiagramm durch folgenden Befehl:

```
#Balkendiagramm für Ligue 1 erstellen
barplot(table(VictoireFR$Ligue1FR.Ergebnis),main = "Ergebnisse der Ligue 1 2018/2019"
cex.main=1.5,col=c("lavender","royalblue4","orchid1"),
ylab = "Anzahl der Spiele",
xlab = "Ausgang der Spiele",font.lab=2,ylim =c(0,200))
```

Abbildung 3: Ergebnisse der Ligue 1 2018/2019

2.4   La Liga

Die englischsprachige csv-Datei der höchsten spanischen Liga wurde ebenfalls nach dem bekannten Muster in R eingelesen, angepasst und zur Datenbank „Victoria" komprimiert:

```
LaLiga<-read.csv("SP1.csv")
```

```
#LaLiga aufbereiten
LaLiga$Ergebnis<-"Unentschieden"
LaLiga$Ergebnis[LaLiga$FTHG>LaLiga$FTAG]<-"Heimsieg"
LaLiga$Ergebnis[LaLiga$FTHG<LaLiga$FTAG]<-"Auswärtssieg"
victoria<-data.frame(LaLiga$HomeTeam,LaLiga$AwayTeam,LaLiga$FTHG,LaLiga$FTAG,LaLiga$Ergebnis)
```

Die La Liga besteht aus 20 Mannschaften. In Spanien hatten in der Saison 2018/2019 auch die Heimmannschaften am häufigsten Grund zum Jubeln. 168 Heimsiegen stehen 110 Unentschieden und 102 Auswärtssiege gegenüber.

```
> table(victoria$LaLiga.Ergebnis)

Auswärtssieg      Heimsieg Unentschieden
         102           168           110
```

Dies lässt sich graphisch erneut durch ein Balkendiagramm visualisieren.

Abbildung 4: Ergebnisse der La Liga 2018/2019

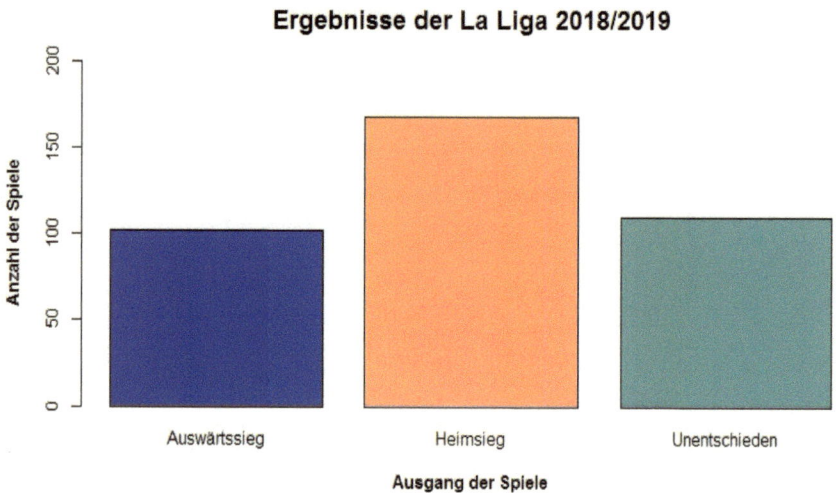

Folgender Befehl wurde für die Erstellung des Balkendiagramms ausgeführt:

```
#Balkendiagramm für La Liga erstellen
barplot(table(VictoireFR$Ligue1FR.Ergebnis),main = "Ergebnisse der Ligue 1 2018/2019",
        cex.main=1.5,col=c("lavender","royalblue4","orchid1"),ylab = "Anzahl der Spiele",
        xlab = "Ausgang der Spiele",font.lab=2,ylim =c(0,200))
```

3 Pearson Chi-Quadrat-Test

Der Pearson Chi-Quadrat Test untersucht, ob zwischen kategorialen Variablen ein Zu-sammenhang vorliegt. Man betrachtet dazu die beobachteten Werte (h_{ij}^O) mit den theore-tisch zu erwartenden Häufigkeiten (h_{ij}^E) die sich ergäben, wenn zwischen den Variablen kein Zusammenhang bestünde. Zur Überprüfung werden kreuztabellierte Daten, darge-stellt in Kontingenztabellen verwendet.

Als Basis für die Durchführung des Chi-Quadrat-Tests wurden zunächst die Datenbänke „Sieg", „Win", „VictoireFr" und „Victoria" von R zu Excel exportiert:

```
#Sieg exportieren in Excel
write.csv(Sieg,file ="Sieg.csv")
#Win exportieren in Excel
write.csv2(Win,file ="Win.csv")
#Victoria exportieren in Excel
write.csv2(Victoria,file ="Victoria.csv")
#VictoireFR in Excel exportieren
write.csv2(VictoireFR,file ="VictoireFR.csv")
```

In Excel wurden die vier Datensätze in einer Tabelle zusammengefasst und als Datensatz „AlleLänder" wiederum erneut in R importiert:

```
#Geordnete vertikale Tabelle in R importieren
AlleLänder<-read.csv2("vierligenvertikal.csv")
```

3.1   Beobachtete Häufigkeiten

Bei der Analyse der Fußballdaten wurden die für den Chi-Quadrat-Test relevanten Variablen „Ergebnis" und „Land" der Datenbank „AlleLänder" zu „Tabelle" zugewiesen:

```
Tabelle<-table(AlleLänder$Bundesliga.Ergebnis,AlleLänder$Land)
```

Der Chi-Quadrat Test wurde verkürzt zu „Test" zugewiesen:

```
Test<-chisq.test(Tabelle)
```

Die Auflistung der beobachteten Häufigkeiten geschieht in R durch Ausführung folgenden Befehls:

```
Test$observed
```

Aus den von R aufgelisteten beobachteten Werten müssen nun die Zeilen- und Spaltensummen, sowie die Gesamtsumme gebildet werden:

Tabelle 1: Kreuztabelle der Ergebnisse in den vier Ligen

	Deutsch-land	England	Frankreich	Spanien	Summe
Auswärtssieg	95	128	106	102	431
Heimsieg	138	181	164	168	651

Unentschieden	73	71	110	110	364
	306	380	380	380	1446

Die Zeilen- und Spaltensummen sind für die weitere Berechnung von Wichtigkeit.

3.2 Erwartete Werte

Für die spätere Ermittlung der Teststatistik χ^2 werden die erwarteten Häufigkeiten benötigt. Diese werden nach folgender Formel berechnet:

$$h_{ij}^E = \frac{Zeilensumme_i \cdot Spaltensumme_j}{Gesamtsumme}$$

R berechnet die in Tabelle 2 dargestellten erwarteten Häufigkeiten durch Ausführung folgenden Befehls:

```
Test$expected
```

Tabelle 2: Kontingenztabelle der erwarteten Häufigkeiten

	Deutschland	England	Frankreich	Spanien
Auswärtssieg	91,20747	113,26418	113,26418	113,26418
Heimsieg	137,76349	171,07884	171,07884	171,07884
Unentschieden	77,02905	95,65698	95,65698	95,65698

3.3 Teststatistik

Beim Chi-Quadrat-Test geht die Nullhypothese davon aus, dass die betrachteten Variablen unabhängig voneinander sind, wohingegen die Gegenhypothese einen Zusammenhang der Variablen unterstellt. Um ein Urteil über die Abhängigkeit der Variablen treffen zu können, muss die Teststatistik, auch als Pearsonsches χ^2 bezeichnet, berechnet werden. Der χ^2-Wert nimmt mit steigender Anzahl an Zeilen (*n*) und Spalten (*m*) in den Kontingenztabellen zu. Die Teststatistik berechnet sich nach folgender Formel:

$$\chi^2 = \sum_{i=j}^{n} \sum_{j=1}^{m} \frac{(h_{ij}^O - h_{ij}^E)^2}{h_{ij}^E}$$

Der ermittelte Chi-Quadrat-Wert muss mit einem Tabellenwert auf der Chi-Quadratverteilung verglichen werden, um ein Urteil über die Beibehaltung oder Ablehnung der Nullhypothese treffen zu können. Ein Indiz für die Gültigkeit der Nullhypothese ist, dass der Unterschied zwischen den beobachteten Werten (h_{ij}^O) und den theoretisch erwarteten Werten (h_{ij}^E) gering ist. Bei den quadratischen Werten ist die Richtung der Abweichung nicht relevant, lediglich das generelle Maß an Abweichung ist von Bedeutung. Der Tabellenwert aus der Chi-Quadratverteilung wird anhand des gewählten Signifikanzniveaus α und der Anzahl der Freiheitsgrade bestimmt. Die Freiheitsgrade lassen sich nach folgender Formel ermitteln:

$$v = (n - 1) \cdot (m - 1)$$

Die Entscheidungsregel zur Ablehnung der Nullhypothese lautet:

$$Teststatistik - \chi^2 > \chi^2 - Tabellenwert$$

Die Teststatistik und die Anzahl an Freiheitsgraden spiegelt R durch Ausführung folgenden Befehls wider:

```
chisq.test(Tabelle)
```

Der Wert der Teststatistik beträgt im untersuchten Beispiel 15,543. Der χ^2-Tabellenwert ergibt 12,59, bei sechs Freiheitsgraden und einem unterstellten Signifikanzniveau $\alpha = 0,05$.

Es gilt somit:

$$15,543 > 12,59$$

Demzufolge wurde im untersuchten Beispiel bei einem Signifikanzniveau von 0,05 ein Zusammenhang zwischen den Variablen „Ergebnis" und „Land" nachgewiesen. Dies bedeutet die Ablehnung der Nullhypothese.

3.4 Kontingenzkoeffizient C

Da eine Abhängigkeit zwischen den kategorialen Variablen nachgewiesen worden ist, kann darüber hinaus die Stärke des Zusammenhangs untersucht werden. Hierüber gibt der Kontingenzkoeffizient C Auskunft. Zur Berechnung wird folgende Formel verwendet:

$$C = \sqrt{\frac{\chi^2}{\chi^2 + n}}$$

Der Wert des Kontingenzkoeffizienten bewegt sich zwischen 0 und 1. Je stärker der Zusammenhang zwischen den untersuchten Variablen ist, desto größer ist auch der Kontingenzkoeffizient. Als grobe Orientierung sind C-Werte kleiner als 0,2 als geringer Zusammenhang zu interpretieren, wohingegen C-Werte größer als 0,6 auf einen stark ausgeprägten Zusammenhang deuten. Die Übergänge zwischen den C-Werten sind fließend anzusehen.

Der Kontingenzkoeffizient für das Beispiel Fußballdaten deutet auf eine geringe Abhängigkeit zwischen den Ligen und dem Ergebnis hin. Er beträgt 0,103:

$$C = \sqrt{\frac{15,543}{15,543 + 1446}} = 0,103$$

3.5 Cramers V

Um Cramers V als normierten χ^2-Koeffizienten zu erhalten, befolgt man zunächst die selben Schritte wie bei der Durchführung des Pearson Chi-Quadrat Tests. Man listet die beobachteten und erwarteten Werte in einer Kontingenztabelle auf und bestimmt anschließend den Chi-Quadrat-Wert. Der Kontingenzkoeffizient Cramers V liegt immer zwischen 0 und 1. Folgende Formel wird zur Berechnung von Cramers V verwendet:

$$V = \sqrt{\frac{\chi^2}{n * (R - 1)}}$$

R ist definiert als der kleinere der beiden Werte „Anzahl Zeilen" und „Anzahl Spalten", n als die Grundgesamtheit.[1]

Den Kontingenzkoeffizienten C, sowie Cramers V berechnet R, bei vorheriger Aktivierung des Pakets „vcd", durch die Ausführung des folgenden Befehls:

```
assocstats(Tabelle)
```

Hieraus ergibt sich folgende Darstellung in R:

```
> assocstats(Tabelle)
                  X^2 df P(> X^2)
Likelihood Ratio 15.849  6 0.014589
Pearson          15.453  6 0.017013

Phi-Coefficient   : NA
Contingency Coeff.: 0.103
Cramer's V        : 0.073
```

Im untersuchten Beispiel kann mit Hilfe der Berechnung von Cramers V nur ein geringer Zusammenhang zwischen dem Land und dem Spielergebnis festgestellt werden:

$$V = \sqrt{\frac{15{,}453}{1446 * 2}} = 0{,}073$$

---

[1] *https://www.2ask.de/Berechnung-von-Cramers-V--708d.html*, Zugriff am 17.10.2019.

3.6   Standardisierte Residuen

Um Besonderheiten zwischen und in den Ländern zu erkennen, werden die standardisierten Residuen ermittelt:

$$\frac{(h_{ij}^O - h_{ij}^E)}{\sqrt{h_{ij}^E}}$$

R zeigt die standardisierten Residuen durch Ausführung folgenden Befehls an:

```
Test$residuals
```

Folgende Werte ergeben sich für die untersuchten Fußballdaten:

Tabelle 3: Standardisierte Residuen der vier Ligen

	Deutschland	England	Frankreich	Spanien
Auswärtssieg	0,39711286	1,38461205	-0,68255890	-1,05840816
Heimsieg	0,02015073	0,75851537	-0,54120754	-0,23539038
Unentschieden	-0,45906579	-2,52105095	1,46650016	1,46650016

Graphisch darstellen lassen sich die Residuen durch eine Matrix, die in R bei vorheriger Aktivierung des Pakets „corrplot" durch folgenden Befehl erscheint:

```
corrplot(Test$residuals, is.corr = FALSE)
```

Abbildung 5: Standardisierte Residuen der vier Ligen

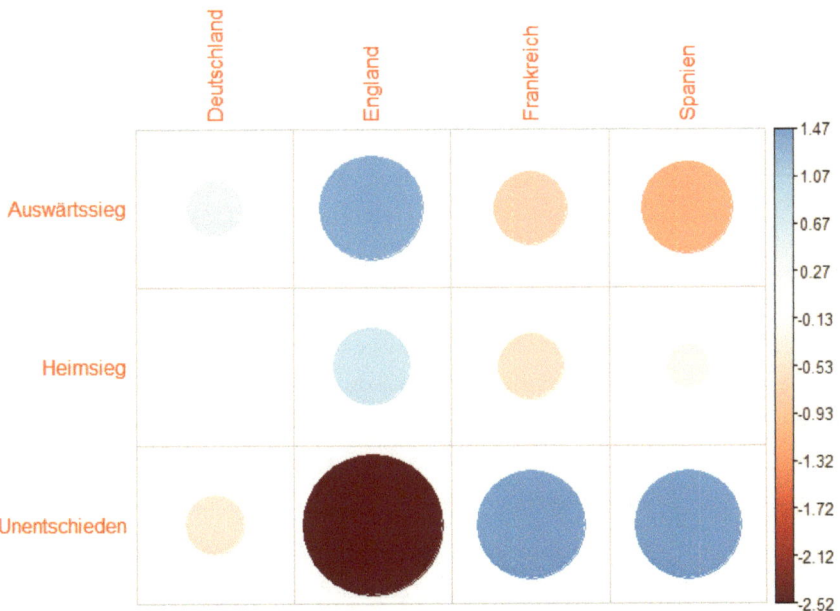

Je höher der Wert der standardisierten Residuen ist, ungeachtet ob in positive oder negative Richtung, desto stärker unterscheiden sich die beobachteten Werte von den erwarteten Werten. Ein positives Vorzeichen bedeutet, dass der erwartete Wert unter dem beobachteten Wert liegt. Ein negatives Vorzeichen impliziert, dass die erwartete Häufigkeit über der beobachteten Häufigkeit liegt. Die Auffälligkeiten der Spielergebnisse werden in der Abbildung 5 durch die Breite und die Färbung der Kreise visualisiert.

Bei den analysierten Fußballdaten fällt am stärksten auf, dass die tatsächlich beobachtete Anzahl an Unentschieden in der englischen Liga die erwartete Anzahl in der letzten Spielzeit stark unterschritten hat. Auf der anderen Seite endeten in Frankreich und Spanien in der vergangenen Saison mehr Spiele unentschieden als statistisch erwartet.

Die tatsächliche Anzahl von Heimsiegen übersteigt die statistisch erwartete Häufigkeit in der Premier League und der Bundesliga, wohingegen man in Frankreich und Spanien weniger Heimsiege beobachten konnte als statistisch erwartet.

Im Vergleich der vier Ligen ist der Heimvorteil in der englischen Liga am stärksten ausgeprägt. 47,6% der Saisonspiele endeten auf der Insel mit einem Heimsieg. Auf dem zweiten Rang findet sich Deutschland mit einer Heimsiegquote von 45,1% wieder, gefolgt von Spanien (44,2%) und Frankreich (43,2%).

Des Weiteren ist signifikant, dass in der englischen Liga Auswärtsmannschaften tatsächlich öfters gewannen (128 Auswärtssiege) als statistisch erwartet (113,26418 Auswärtssiege). Darüber hinaus weist die Premier League die höchste Prozentquote an Auswärtssiegen der vergangenen Spielzeit im Vergleich der vier Ligen auf. In etwa jedes dritte Spiel endete mit einem Auswärtssieg (33,68%). Jedoch übertrafen auch deutsche Auswärtsteams die Erwartungen und konnten immerhin beachtliche 31,6% der Partien für sich entscheiden.

Die Verteilung der Ergebnisse in den verschiedenen Ligen findet sich kompakt visualisiert im untenstehenden Balkendiagramm wider:

Abbildung 6: Verhältnis der Ergebnisse in den vier Ligen

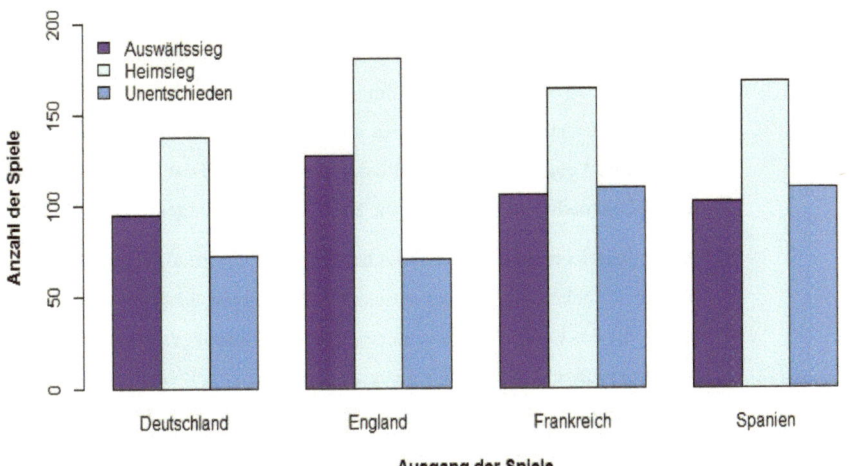

Das Diagramm wurde durch die Ausführung folgenden Befehls erstellt:

```
#Balkendiagramm Verhältnis der Ergebnisse in den vier Ligen darstellen mit Legende
barplot(table(AlleLänder$Bundesliga.Ergebnis,AlleLänder$Land)
       ,main = "Verhältnis der Ergebnisse in den vier Ligen",
       cex.main=1.5,col=c("mediumpurple4","paleturquoise","steelblue3")
       ,ylab = "Anzahl der Spiele",
       xlab = "Ausgang der Spiele",font.lab=2,ylim =c(0,200),
       beside=TRUE)

legend("topleft",c("Auswärtssieg","Heimsieg","Unentschieden")
       ,fill=c("mediumpurple4","paleturquoise","steelblue3"),
       cex=1,bty="n")
```

3.7 Mögliche Ursachen des Heimvorteils

In allen vier Ligen wurde ein Heimvorteil ersichtlich, der sich nur in der Stärke der Aus-
prägung unterscheidet. Ein denkbarer Faktor, der den Heimmannschaften in die Karten

spielen könnte, ist zum Beispiel die Unterstützung der eigenen Fans. Diese sind im Normalfall bei einem Heimspiel in der Mehrzahl vertreten. Des Weiteren könnten die bekannten Platzgegebenheiten als Vorteil für die Heimmannschaft und die fehlende Vertrautheit mit den lokalen Besonderheiten, sowie die Reisestrapazen, als Nachteil für die gastierende Mannschaft wirken.

Eine Studie des britischen Fußballforschers Nevill von der Universität Wolverhampton untersuchte, ob Schiedsrichter Heimmannschaften bevorzugen. Nevill wählte 40 geprüfte Schiedsrichter aus und spielte ihnen ein Video mit 47 Attacken aus einem Fußballspiel der Premier League vor. Die Hälfte der Probanden sah das Video ohne Ton und die anderen 20 Schiedsrichter schauten die Szenen mit Stadiongeräuschen im Hintergrund.

Die Schiedsrichter, die der Geräuschkulisse im Hintergrund ausgesetzt waren, bewerteten von den Attacken der Heimmannschaft 15% weniger als regelwidrig als jene Schiedsrichter, die das tonlose Video schauten. Nevill schlussfolgerte daraus, dass die akustische Beeinflussung und der daraus erzeugte psychische Druck verantwortlich sein müssen für die verschiedene Bewertung der Zweikämpfe durch die Schiedsrichter. Er wies somit nach, dass Schiedsrichterentscheidungen zum Heimvorteil beitragen.[2]

4   Fazit

Nach Analyse der Fußballdaten mit R gilt es nun abschließend ein Fazit zu ziehen.

4.1   Zielerreichung

Bei den analysierten Fußballdaten wurde mit Hilfe des Chi-Quadrat Tests die Nullhypothese verworfen und durch die Berechnung des Kontingenzkoeffizienten C und Cramers V ein geringer Zusammenhang zwischen dem Land und dem Spielergebnis nachgewiesen. Die beobachteten und erwarteten Häufigkeiten der Ergebnisse in den einzelnen Ligen unterscheiden sich mitunter stark. In allen vier Ländern liegt ein Heimvorteil vor.

---

[2] Vgl.: *https://sciencev1.orf.at/news/51194.html*, Zugriff am 22.10.2019.

4.2 Perspektiven

Weiterhin wäre es interessant, die Analyse der Fußballergebnisse der vier Ligen für einen größeren Zeitraum durchzuführen, um zu erkennen, ob die Werte der Saison 2018/2019 Extrema darstellen oder sich in der Nähe des jeweiligen arithmetischen Mittels bewegen. Die aus solch einer erweiterten Analyse gewonnen Kenntnisse könnten beispielsweise für den Abschluss von Fußballwetten verwendet werden oder den Fans als Entscheidungsgrundlage dienen, ob sie ihre Mannschaft lieber zu Hause oder auswärts unterstützen möchten.

Literaturverzeichnis

Internetquellen

https://www.2ask.de/Berechnung-von-Cramers-V--708d.html, Zugriff am 17.10.2019

https://sciencev1.orf.at/news/51194.html, Zugriff am 22.10.2019

BEI GRIN MACHT SICH IHR WISSEN BEZAHLT

- Wir veröffentlichen Ihre Hausarbeit,
  Bachelor- und Masterarbeit

- Ihr eigenes eBook und Buch -
  weltweit in allen wichtigen Shops

- Verdienen Sie an jedem Verkauf

Jetzt bei www.GRIN.com hochladen
und kostenlos publizieren